Imortalidade
da alma

Inmortalidad
del alma

Immortality
of the soul

LUIS HU RIVAS

🇧🇷 A menina Luna chegou a um mundo muito bonito, cheio de luz e belas cores.
– Aqui é muito lindo! – disse Luna, observando a paisagem e a natureza.
O lugar onde agora Luna estava era o mundo espiritual, seu novo lar. Depois de deixar seu corpo físico, ela tinha sido levada até ali pelos bons Espíritos.
Mas a pequena, mesmo diante de tantas belezas, sentia falta do abraço da família que havia deixado na Terra.
– Saudade da mamãe e do papai... – falou a menina, ao olhar para a imagem dos pais por uma tela parecida com a de uma TV.

🇪🇸 La niña Luna llegó a un mundo muy hermoso, lleno de luz y bellos colores.
–Aquí es muy lindo! –dijo Luna, mirando los paisajes y la naturaleza.
El lugar donde ahora estaba era el mundo espiritual, su nuevo hogar. Después de dejar su cuerpo físico, fue llevada allí por buenos Espíritus.
Pero la pequeña, a pesar de tantas bellezas, sentía la falta del abrazo de su familia que dejó en la Tierra.
–Extraño a mamá y papá... –dijo Luna, al mirar la imagen de sus padres en una pantalla tipo TV.

🇺🇸 Luna, a young girl, found herself in a very beautiful world, full of light and stunning colors.
"It's so pretty here!" said Luna, noticing the lush scenery.
Luna was in the spiritual world, her new home. After leaving her physical body, she had been taken there by good Spirits.
But the little girl, even among such beauty, missed the warmth of the family she had left on Earth.
"I miss Mom and Dad..." said the little girl, looking at a picture of her parents on a screen similar to that of a TV.

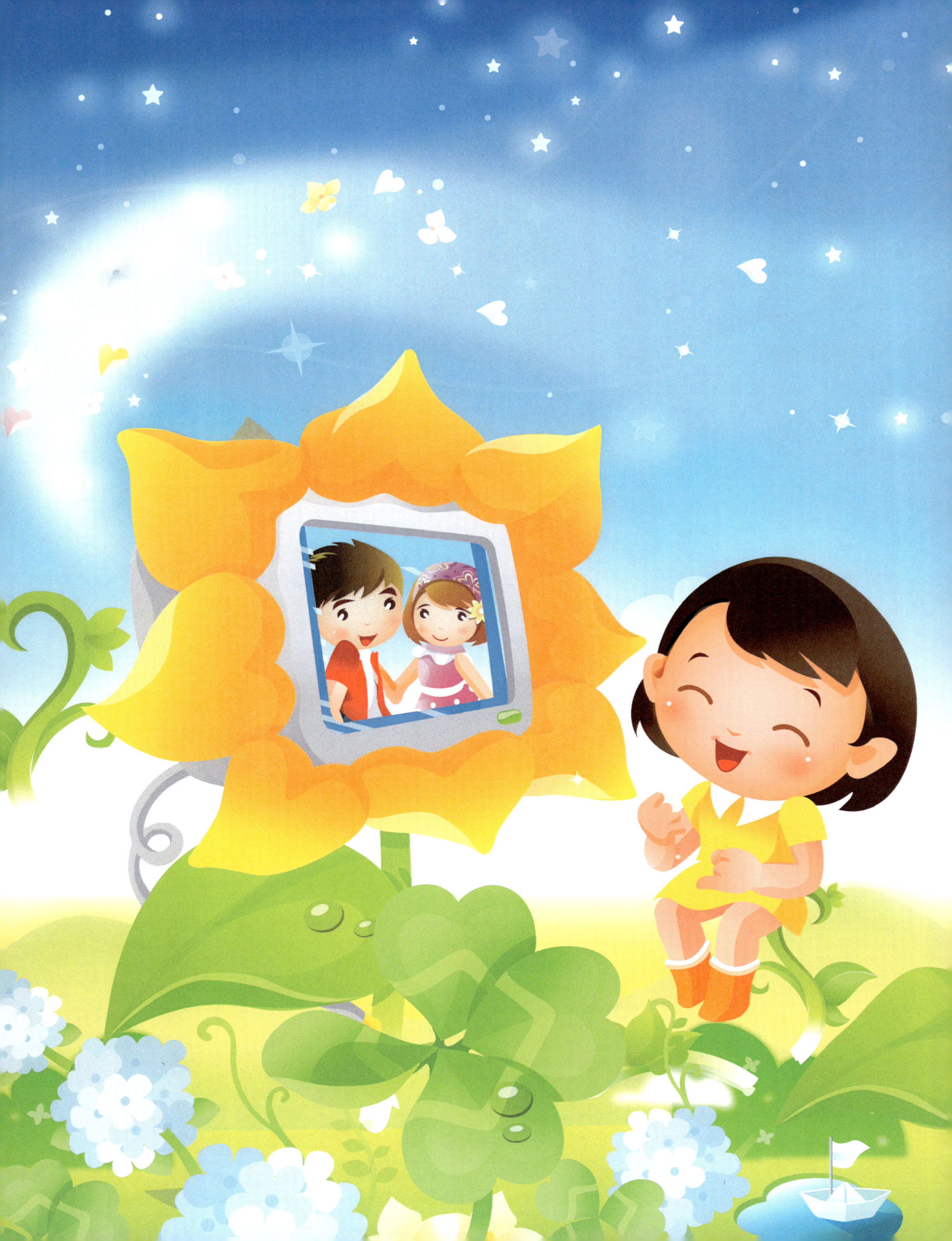

🇧🇷 Tempos depois, Luna recebeu uma ótima notícia. Os bons Espíritos que cuidavam dela lhe disseram:
– Iremos à Terra e você virá conosco para ver sua família.

🇪🇸 Más tarde, Luna recibió buenas noticias. Los buenos Espíritus que la cuidaban dijeron:
–Iremos a la Tierra y vendrás con nosotros a ver a tu familia.

🇺🇸 Some time later, Luna received great news. The good Spirits who were taking care of her told her, "We are going to Earth and you will come with us to see your family."

🇧🇷 – Que legal! – falou Luna.
Sem perder tempo, a pequena foi até seu bairro, onde ficava seu antigo lar...

🇪🇸 –¡Qué alegría! –dijo Luna
Sin perder el tiempo, la niña fue hasta su barrio, donde quedaba su antigua casa...

🇺🇸 "Wow, that's awesome!" Luna said.
Without wasting any time, the little girl visited her neighborhood, where her old house was...

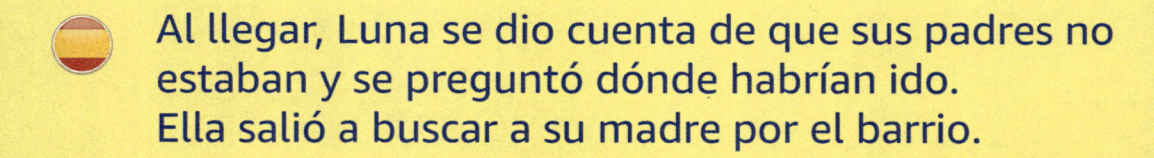

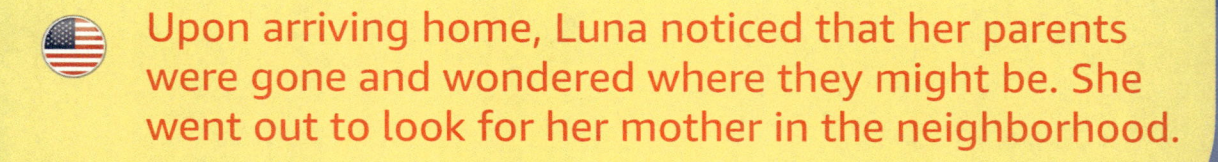

🇧🇷 Ao chegar em casa, Luna reparou que os pais não estavam e se perguntou para onde teriam ido. Ela saiu para procurar a mãe pela vizinhança.

🇪🇸 Al llegar, Luna se dio cuenta de que sus padres no estaban y se preguntó dónde habrían ido. Ella salió a buscar a su madre por el barrio.

🇺🇸 Upon arriving home, Luna noticed that her parents were gone and wondered where they might be. She went out to look for her mother in the neighborhood.

🇧🇷 Pensou que todo o esforço em ver a família estivesse perdido... mas alguém a viu.
– Lupi! Sou eu! – gritou Luna. – Você consegue me ver?

🇪🇸 Pensó que todo el esfuerzo por ver a la familia se había perdido... pero alguien la vio.
–Lupi! ¡Soy yo! –gritó Luna. –¿Puedes verme?

🇺🇸 She thought that all this effort to see her family would be in vain… but someone saw her.
"Lupi! It's me!" cried Luna. "Can you see me?"

🇧🇷 Lupi, o cachorrinho de uma casa vizinha, viu sua amiguinha e latiu feliz:
– Au... au...
– Onde está minha mamãe? – perguntou Luna. – Você a viu?
– Au! – respondeu Lupi, e foi ajudar a amiga.
O cachorrinho saiu correndo e a pequena Luna o seguiu até chegar a uma casa cheia de luz.
– Que lugar será este? – perguntou-se Luna.

🇪🇸 Lupi, el perrito de una casa vecina, vio a su pequeña amiga y ladró alegremente:
–Guau... guau...
–¿Dónde está mi mamá? –preguntó Luna.– ¿La viste?
–¡Guau! –respondió Lupi y fue a ayudar a su amiga.
El perrito salió corriendo y la pequeña Luna lo siguió hasta que llegó a una casa llena de luz.
–¿Qué lugar será este? –se preguntó Luna.

🇺🇸 Lupi, the neighbors' dog, saw his little friend and barked happily.
"Woof woof!"
"Where's my mommy?" asked Luna. "Have you seen her?"
"Woof!" barked Lupi, and went to help his friend.
The puppy ran away and little Luna followed him until they arrived at a house full of light.
"What kind of place is this?" Luna asked herself.

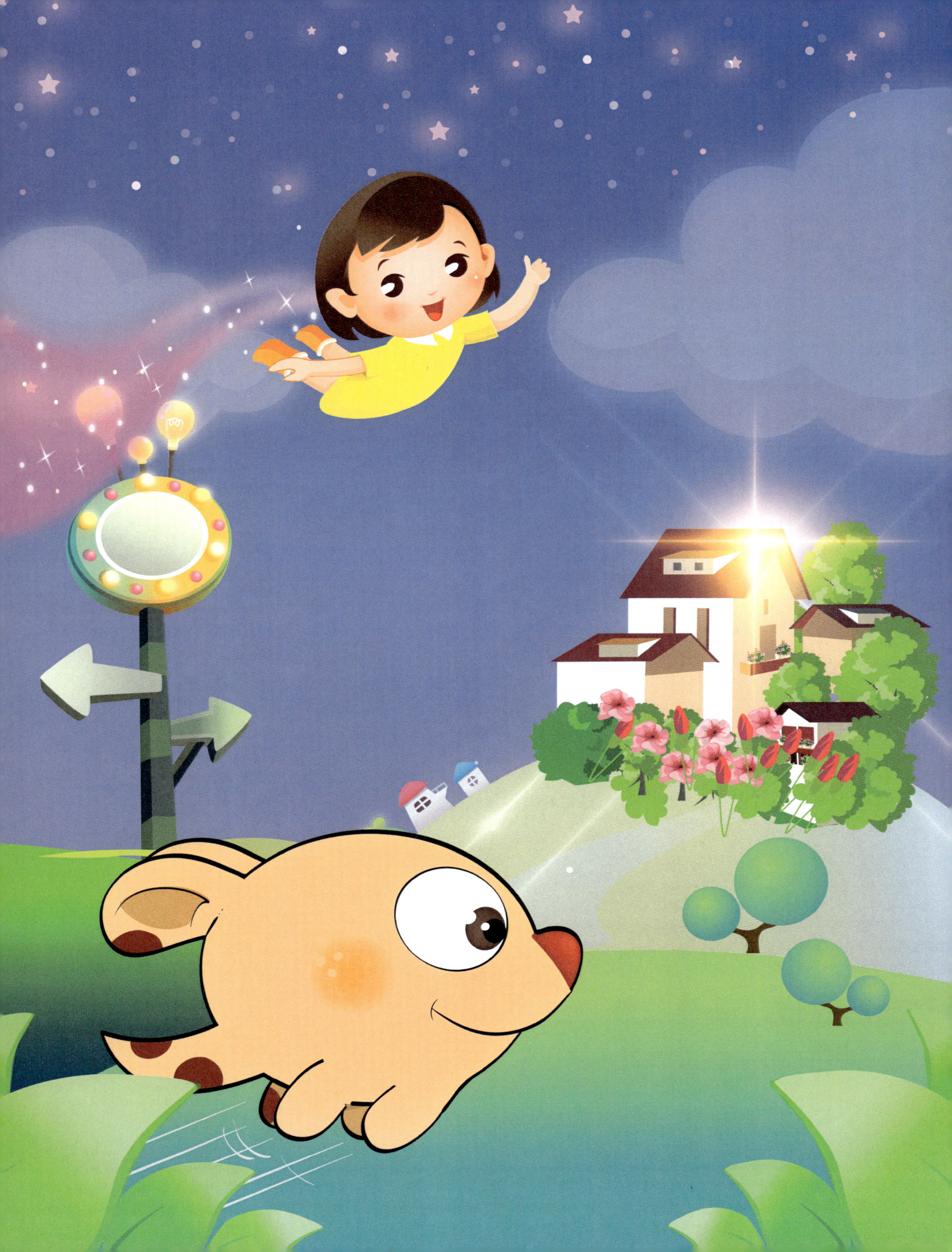

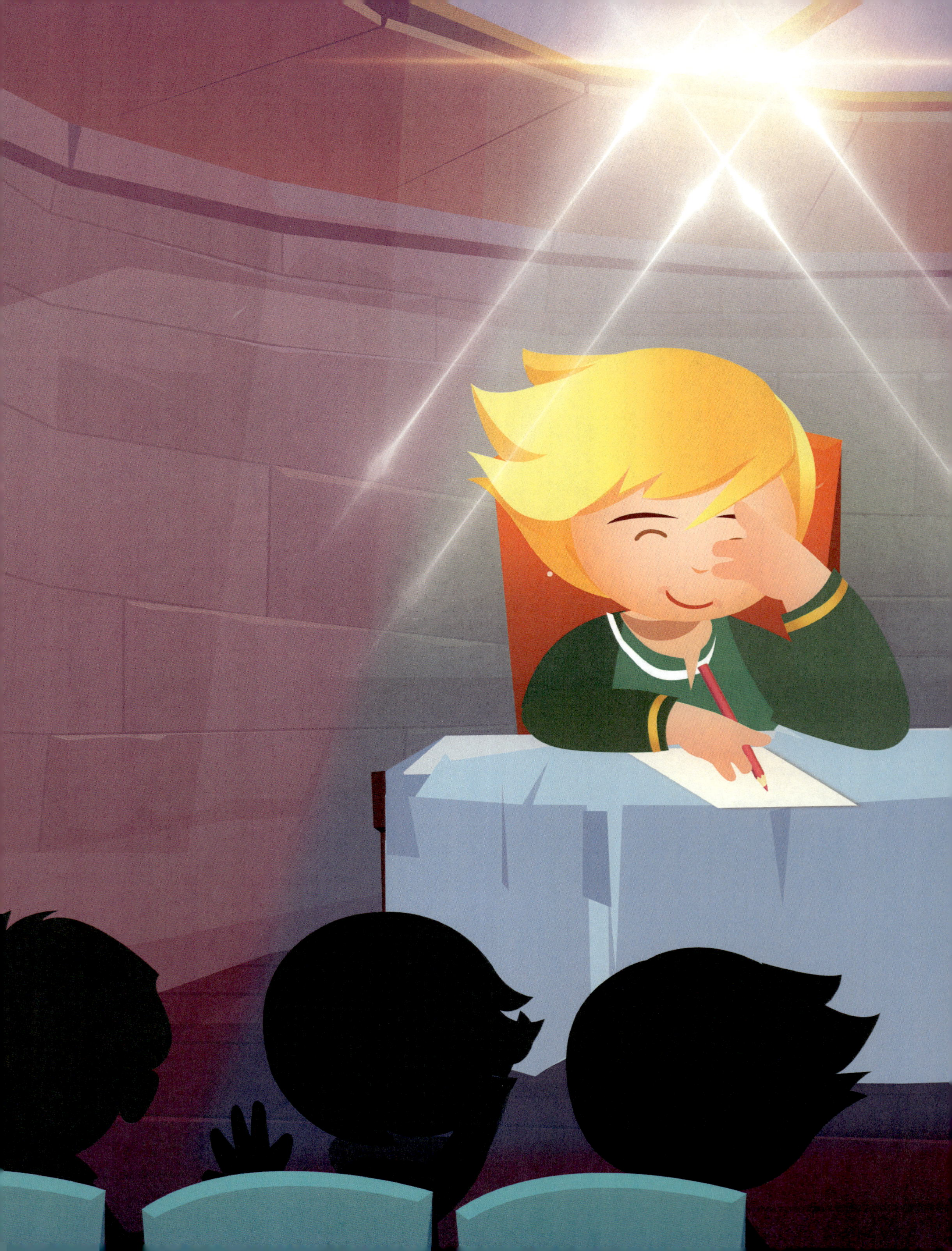

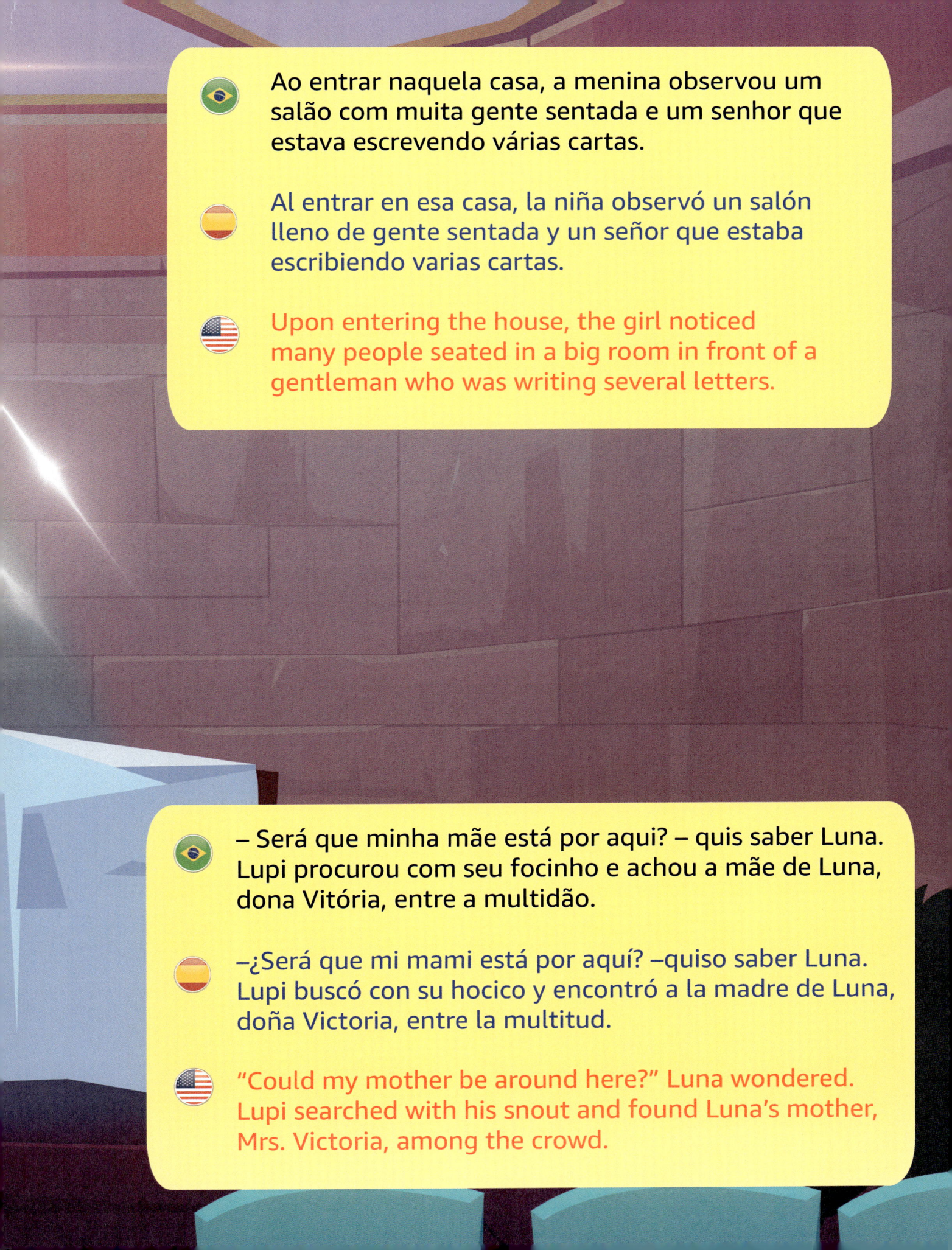

🇧🇷 Ao entrar naquela casa, a menina observou um salão com muita gente sentada e um senhor que estava escrevendo várias cartas.

🇪🇸 Al entrar en esa casa, la niña observó un salón lleno de gente sentada y un señor que estaba escribiendo varias cartas.

🇺🇸 Upon entering the house, the girl noticed many people seated in a big room in front of a gentleman who was writing several letters.

🇧🇷 — Será que minha mãe está por aqui? – quis saber Luna. Lupi procurou com seu focinho e achou a mãe de Luna, dona Vitória, entre a multidão.

🇪🇸 —¿Será que mi mami está por aquí? –quiso saber Luna. Lupi buscó con su hocico y encontró a la madre de Luna, doña Victoria, entre la multitud.

🇺🇸 "Could my mother be around here?" Luna wondered. Lupi searched with his snout and found Luna's mother, Mrs. Victoria, among the crowd.

🇧🇷 – Obrigada, Lupi! – disse Luna. – Você é um bom amigo!
Mas a menina não ficou muito feliz, pois a mãe ainda não sentia sua presença a seu lado.
De repente, uma simpática senhora espiritual apareceu, notando que Luna queria se comunicar com a mãe.
Ela entregou-lhe uma bela rosa e fez um convite:
– Gostaria de escrever uma mensagem para sua mãe?
– É claro! – respondeu Luna, contente.
– Siga-me! – pediu a senhora luminosa. – Meu nome é Clara, vou ajudá-la.

🇪🇸 –¡Gracias, Lupi! –dijo Luna. –¡Eres un buen amigo!
Pero la niña no estaba tan feliz, porque su mami aún no sentía su presencia al lado.
De repente, apareció una agradable dama espiritual notando que Luna quería comunicarse con su mamá.
Ella le entregó una hermosa rosa e hizo una invitación:
–¿Te gustaría escribirle un mensaje a tu mami?
–¡Claro que sí! –respondió Luna, contenta.
–¡Sígueme! –pidió la dama luminosa. –Me llamo Clara, te ayudaré.

🇺🇸 "Thank you, Lupi!" said Luna. "You're a good friend!"
But the girl didn't happy, as her mother didn't feel her presence by her side.
Suddenly, a Spirit with the appearance of a nice lady appeared, noticing that Luna wanted to communicate with her mother.
She handed her a beautiful rose and extended an invitation.
"Would you like to write a message to your mother?"
"Of course!" replied Luna, delighted.
"Follow me!" said the glowing lady. "My name is Clara and I'll help you."

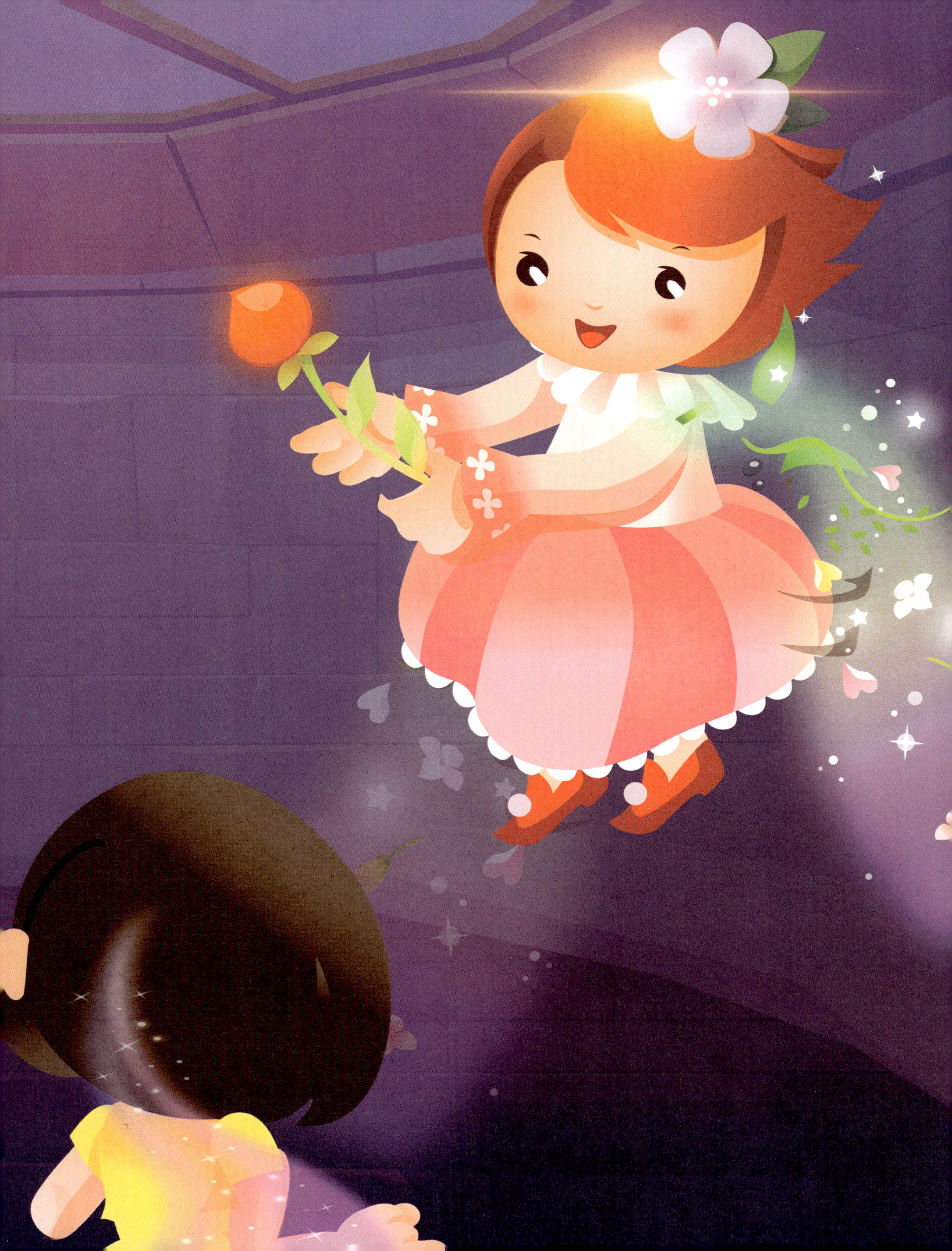

🇧🇷 Quando Luna se aproximou do senhor que recebia mensagens do mundo espiritual, Clara disse:
– Preste atenção: vamos fazer uma psicografia, isto é, escrever pelas mãos do senhor médium.

🇪🇸 Cuando Luna se acercó al señor que recibía mensajes del mundo espiritual, Clara dijo:
–Presta atención: haremos una psicografía, es decir, escribiremos por las manos del médium.

🇺🇸 When Luna approached the gentleman who received messages from the spiritual world, Clara said, "Pay attention: let's write the message through the medium's hands. It's called psychography."

🇧🇷 Lupi observava tudo e tinha muita curiosidade em saber o que sua pequena amiga falaria.
– Apenas diga o que sente seu coração – sugeriu Clara.

🇪🇸 Lupi miraba todo y tenía mucha curiosidad por saber qué diría su pequeña amiga.
–Solo di lo que siente tu corazón –sugirió Clara.

🇺🇸 Lupi watched everything and was very curious to know what his little friend would say.
"Just say what you feel in your heart," suggested Clara.

🇧🇷 Luna ditou a primeira mensagem, que dizia mais ou menos assim:
"Mamãe, eu te amo! Não brigue com o papai. Todos nós somos crianças de Deus. Eu estou bem... Eu abraço agora sua cintura, você pode me sentir? Estou viva para te amar. Te amooo."
No final, a pequena desenhou seu brinquedo preferido, um ursinho de pelúcia, e assinou a cartinha.

🇪🇸 Luna dictó el primer mensaje, que decía algo así:
"¡Mamá yo te amo! No pelees con papá. Todos somos hijos de Dios. Estoy bien... te abrazo por la cintura, ¿me sientes? Estoy viva para amarte. Te amooo."
Al final, la niña dibujó su juguete favorito, un oso de peluche, y escribió su firma en la cartita.

🇺🇸 Luna dictated the first message, which read more or less as follows:
"Mommy, I love you! Don't fight with Daddy. We are all children of God. I am doing well…
I'm hugging your waist now, can you feel me? I'm still alive to love you!"
At the end, the little girl drew her favorite toy, a teddy bear, and signed the letter.

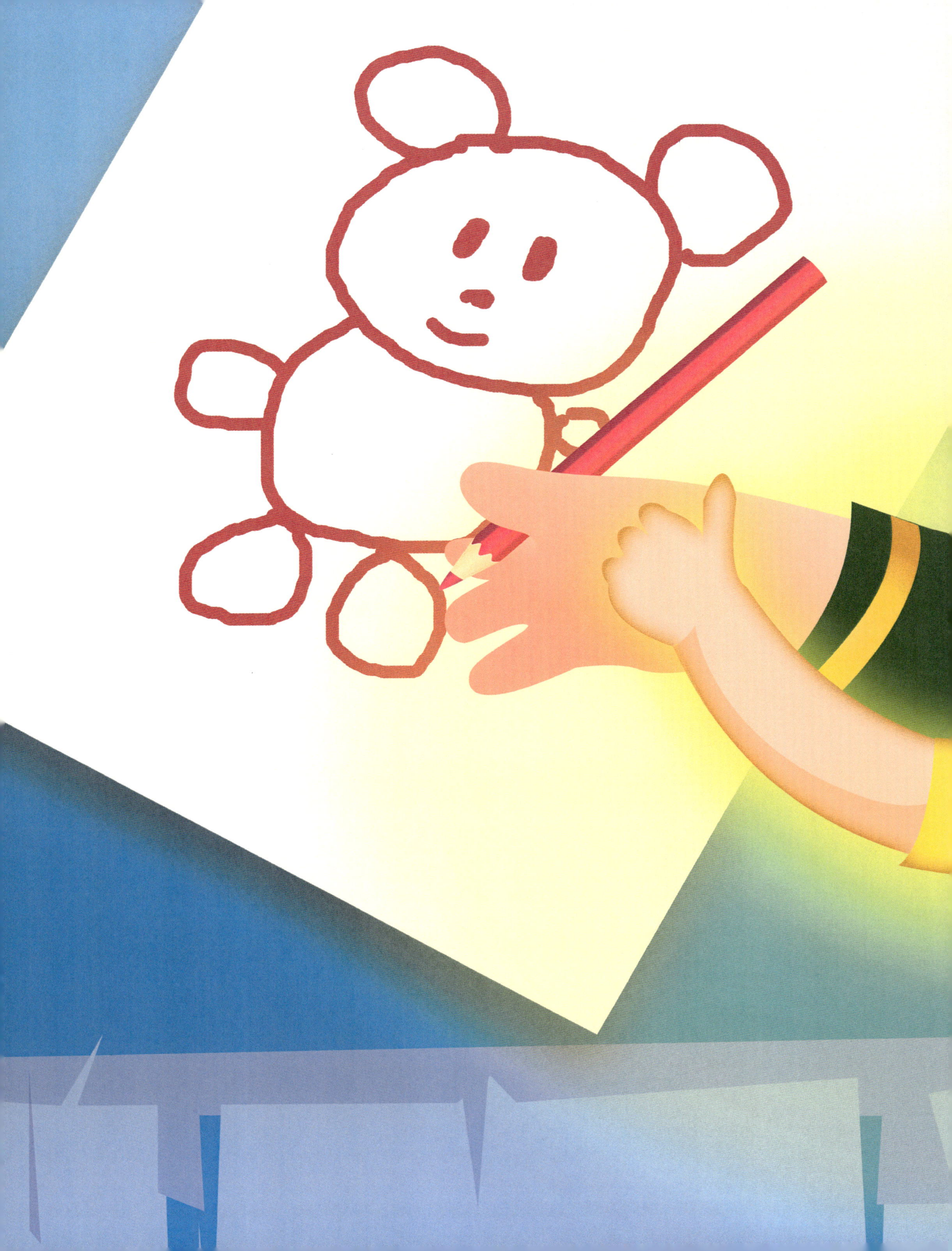

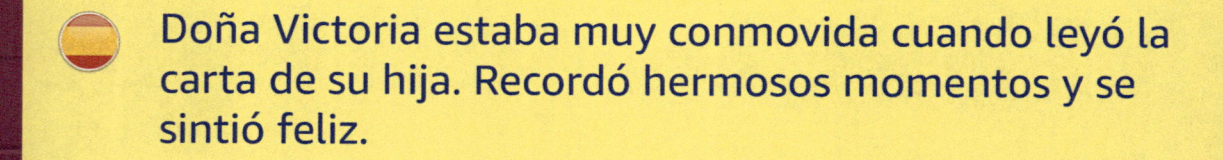

🇧🇷 Dona Vitória ficou muito emocionada ao ler a carta da filha. Recordou belos momentos e se sentiu feliz.

🇪🇸 Doña Victoria estaba muy conmovida cuando leyó la carta de su hija. Recordó hermosos momentos y se sintió feliz.

🇺🇸 Mrs. Victoria was very moved by reading her daughter's letter. She remembered their beautiful moments together and felt happy.

🇧🇷 – Como é bom saber que está pertinho e bem – falou dona Vitória. – Eu também te amo muito!
Lupi ficou emocionado ao ver tanto amor.

🇪🇸 –Qué bueno es saber que estás cerca y bien, –dijo doña Victoria.– ¡Yo también te amo mucho!
Lupi estaba encantado al ver tanto amor.

🇺🇸 "It's so good to know you are close and well," said Mrs. Victoria. "I love you so much!"
Lupi was touched by all the love.

🇧🇷 Uma pessoa questionou a carta da menina. Se ela era tão novinha, como poderia tê-la assinado?
Dona Vitória explicou que Luna ainda estava aprendendo a escrever, mas já treinava sua assinatura.

🇪🇸 Una persona cuestionó la carta de la niña. Si era tan pequeña, ¿cómo podría haberla firmado? Doña Victoria explicó que Luna todavía estaba aprendiendo a escribir, pero ya estaba practicando su firma.

🇺🇸 One person in the crowd questioned the girl's letter. If she was so young, how could she have signed it?
Mrs. Victoria explained that Luna was still learning to write, but had been practicing her signature.

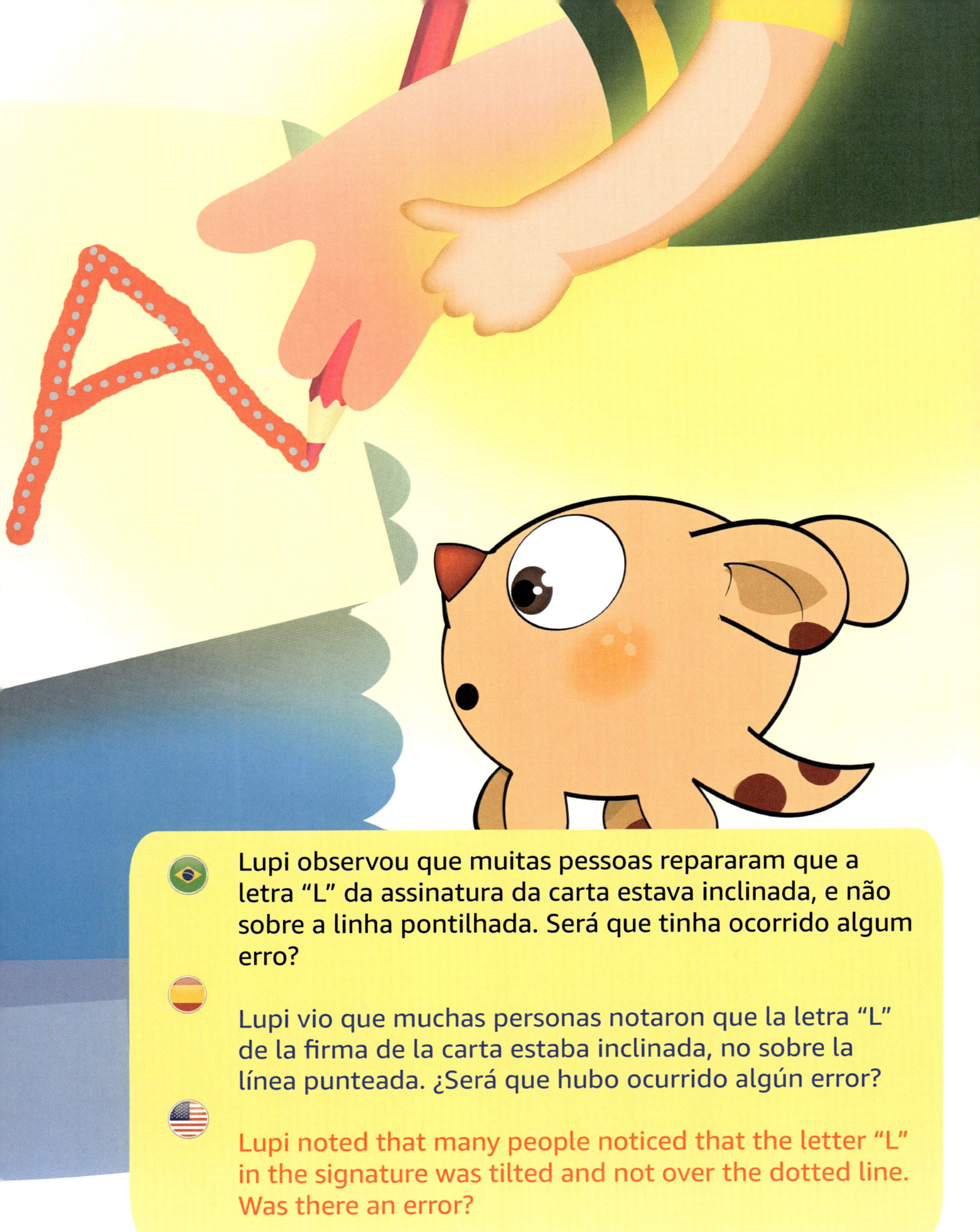

🇧🇷 Lupi observou que muitas pessoas repararam que a letra "L" da assinatura da carta estava inclinada, e não sobre a linha pontilhada. Será que tinha ocorrido algum erro?

🇪🇸 Lupi vio que muchas personas notaron que la letra "L" de la firma de la carta estaba inclinada, no sobre la línea punteada. ¿Será que hubo ocurrido algún error?

🇺🇸 Lupi noted that many people noticed that the letter "L" in the signature was tilted and not over the dotted line. Was there an error?

🇧🇷 Para ter recordações da filha, dona Vitória guardava umas folhas com a caligrafia de Luna, sempre levando-as na bolsa.
Ao retirá-las, descobriu que a assinatura que Luna fazia na escola era igual à que estava escrita na carta.
– Isto é incrível! – disseram alguns.
Mais interessante ainda é que Luna escrevia a letra "L" ligeiramente inclinada quando estava na Terra, e continuava escrevendo assim, agora como Espírito.

🇪🇸 Para guardar recuerdos a su hija, doña Victoria guardaba algunas hojas con la caligrafía de Luna, siempre llevándolas en su cartera.
Al sacarla, descubrió que el nombre que Luna hacía en el colegio, era el mismo que estaba en la carta.
–¡Esto es increíble! –alguien dijo.
Y lo más interesante es que Luna escribió la letra "L" ligeramente inclinada como cuando estaba en la Tierra, y continúa escribiendo así, ahora como Espíritu.

🇺🇸 Mrs. Victoria always kept some school papers with Luna's handwriting in her purse as a memento of her daughter.
Upon looking at them, she discovered that Luna's signature from the papers matched the one from the letter.
"Incredible!" the crowd exclaimed.
More interesting still was that Luna wrote the letter "L" slightly tilted when she was on Earth and continued to do so as a Spirit.

LUNA

LUNA

🇧🇷 Naquela noite, todos ficaram contentes e sem dúvidas de que tinha sido a própria Luna quem havia escrito a mensagem.
– Como é bom saber que o amor é imortal! – comentaram.
A menina saiu daquela casa luminosa, despedindo-se da senhora Clara e de sua mãe.
Logo depois, acompanhou o cachorrinho até sua casinha.
– Obrigada pela ajuda! – disse Luna. – Agora preciso retornar ao meu novo lar.
Lupi ficou contente por ter ajudado a amiga espiritual e soltou um latido forte:
– Au... au...

🇪🇸 Esa noche, todos estaban felices y sin duda de que había sido la misma Luna quien escribió el mensaje.
–¡Qué bueno es saber que el amor es inmortal! –comentaron todos.
La niña salió de la casa luminosa, despidiéndose de la señora Clara y de su madre.
Poco después, acompañó al perrito a su casa.
–¡Gracias por la ayuda! –dijo Luna.– Ahora necesito regresar a mi nuevo hogar.
Lupi se alegró de haber ayudado a su amiga espiritual y dio un fuerte ladrido:
–Guau... guau...

🇺🇸 That night, everyone was happy and had no doubts that Luna had written the message herself.
"It's so good to know that love is immortal!" everyone thought.
The girl left that glowing house, saying goodbye to Clara and to her mother.
Soon after, she accompanied the puppy back to his house.
"Thank you for the help!" said Luna. "Now I need to return to my new home."
Lupi was happy to have helped his Spirit friend and let out a loud bark. "Woof woof!"

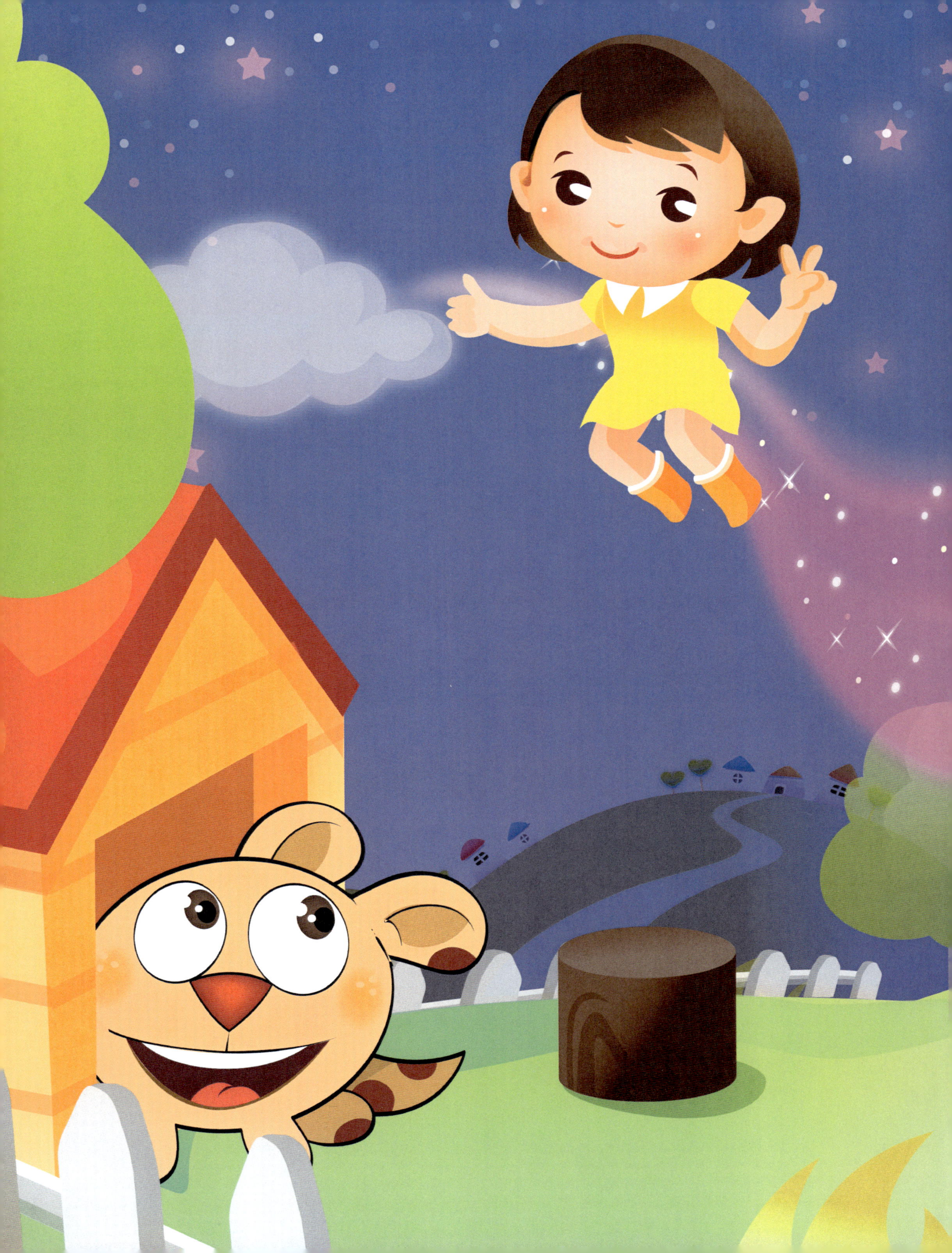

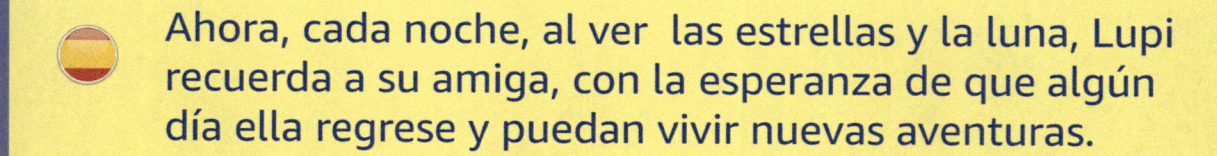

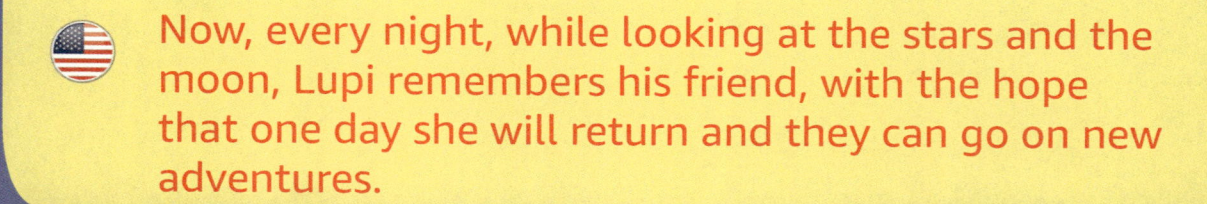

🇧🇷 Agora, toda noite, ao observar as estrelas e a lua, Lupi se lembra da sua amiga, com a esperança de que um dia ela retorne e possam viver novas aventuras.

🇪🇸 Ahora, cada noche, al ver las estrellas y la luna, Lupi recuerda a su amiga, con la esperanza de que algún día ella regrese y puedan vivir nuevas aventuras.

🇺🇸 Now, every night, while looking at the stars and the moon, Lupi remembers his friend, with the hope that one day she will return and they can go on new adventures.

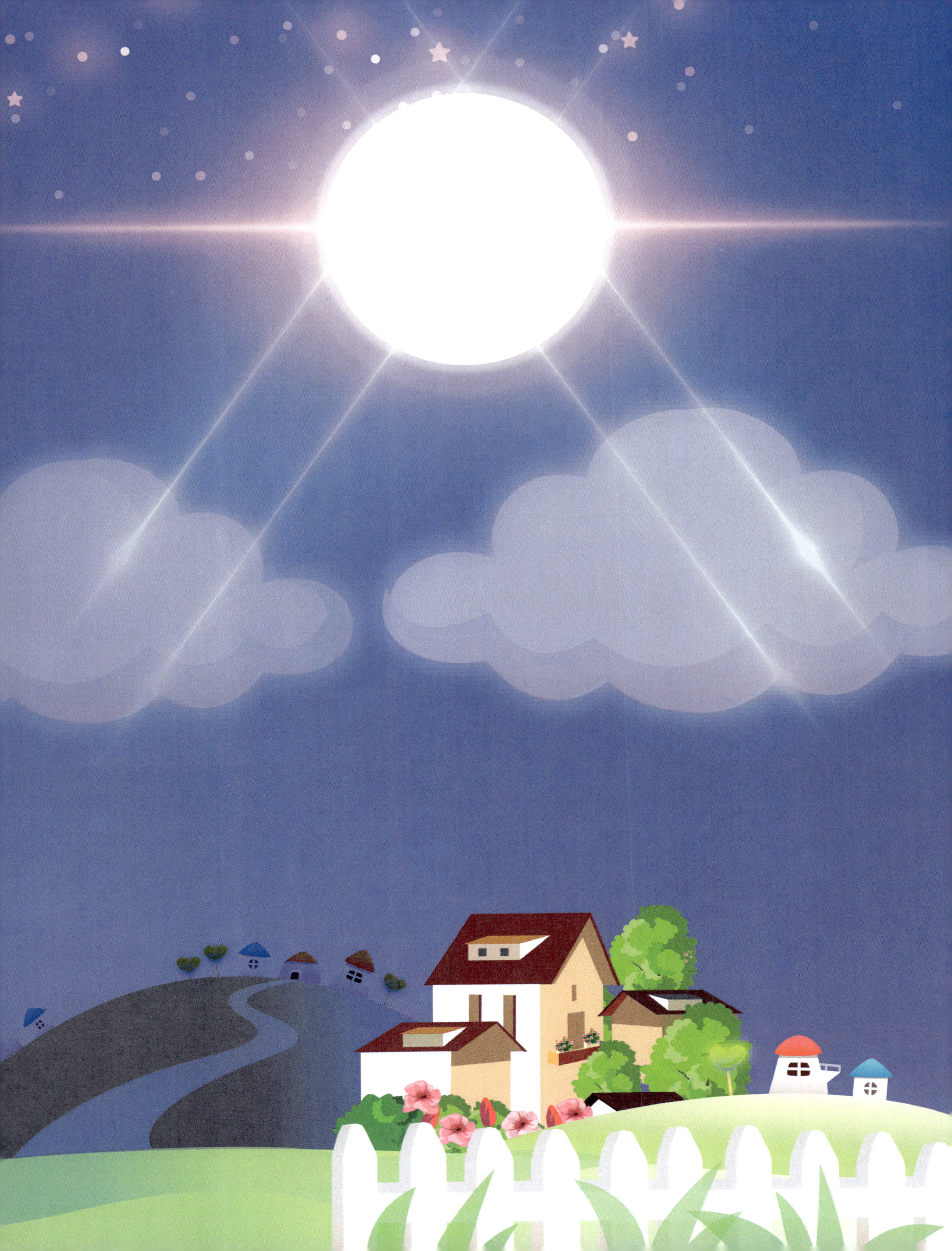

🇧🇷 Saiba mais

Imortal: que não morre, que vive para sempre.
Médium: pessoa que vê, sente ou escuta os Espíritos e transmite suas mensagens.
Psicografia: mensagem de um Espírito escrita pelas mãos de um médium.

🇪🇸 Conozca más

Inmortal: que no muere, que vive para siempre.
Médium: persona que ve, siente o escucha los Espíritus y transmite sus mensajes.
Psicografía: mensaje de un Espíritu escrito por las manos de un médium.

🇺🇸 Know more

Immortal: that does not die, that lives forever.
Medium: person who sees, feels or listens to the Spirits and transmits their messages.
Psychography: message from a Spirit written by the hands of a medium.

🇧🇷 Mais informações sobre a imortalidade da alma em:
1. KARDEC, Allan. *O Livro dos Espíritos*. Questões 149-165.
2. SOUZA, Nilton. *Cartas da Imortalidade*.

🇪🇸 Más información sobre la inmortalidad del alma en:
1. KARDEC, Allan. *O Livro dos Espíritos*. Preguntas 149-165.
2. SOUZA, Nilton. *Cartas de la Inmortalidad*.

🇺🇸 More information about immortality of the soul:
1. KARDEC, Allan. *The Spirits' Book*. Question 149-165.
2. SOUZA, Nilton. *Letters of Immortality*.

Mais informações sobre o autor:
Más informaciones sobre el autor:
More information about the author:
www.luishu.com

Dados Internacionais de Catalogação na Publicação (CIP)
(Câmara Brasileira do Livro, SP, Brasil)

```
Hu Rivas, Luis
    Kit Evangelho / Luis Hu Rivas. -- Brasília,
DF : Hu Producoes, 2020.

    ISBN: 978-65-990675-0-1

    1. Evangelho - Literatura infantojuvenil
2. Literatura infantojuvenil I. Rivas, Luis Hu.
II. Título.

                                        CDD-028.5
```

Índices para catálogo sistemático:

1. Evangelho : Literatura infantil   028.5
2. Evangelho : Literatura infantojuvenil   028.5

Revisão ao espanhol: Sonia Rivas
Tradução ao inglês: Jussara Korngold
Revisão ao inglês: Lucas Almendra

HU PRODUCOES
TODOS OS DIREITOS RESERVADOS.

IMPRESSO NO BRASIL

VOCÊ SABIA DOS BENEFÍCIOS DE UM AMBIENTE DE ESTUDO IDEAL?

Cada detalhe na hora do estudo faz a diferença. Para aumentar o foco e a concentração, é importante que este ambiente esteja adequado.

Dica: Escolha um ambiente bem iluminado, fresco e silencioso que proporcione bem-estar, tranquilidade e atenção.

¿SABÍAS LOS BENEFICIOS DE UN AMBIENTE DE ESTUDIO IDEAL?

Cada detalle en el momento del estudio marca la diferencia. Para aumentar el enfoque y la concentración, es importante que este entorno sea adecuado.

Consejo: Elija un ambiente bien iluminado, fresco y silencioso que brinde bienestar, tranquilidad y atención.

DID YOU KNOW ABOUT THE BENEFITS OF AN IDEAL STUDY ENVIRONMENT?

Every detail matters when studying. To increase focus and concentration, it is important to have a suitable environment.

Tip: Choose a well-lit, cool and quiet environment that provides well-being, tranquility and attention.

BENEFÍCIOS | BENEFICIOS | BENEFITS

1 BOA ILUMINAÇÃO: A LUZ NATURAL É A MELHOR OPÇÃO. MAS SE PRECISA ESTUDAR DURANTE A NOITE, O IDEAL É CONTAR COM UMA LUMINÁRIA.

2 PREZE PELA ORGANIZAÇÃO: EVITE ESTUDAR EM MEIO A PAPÉIS JOGADOS, RESTOS DE ALIMENTOS E MATERIAIS ESPALHADOS.

3 SILÊNCIO: ESCOLHA UM LOCAL QUE TENHA O MÍNIMO DE INTERFERÊNCIAS EXTERNAS E INTERRUPÇÕES.

4 LOCAL CONFORTÁVEL: É IMPORTANTE QUE O ESTUDANTE MANTENHA A BOA POSTURA DURANTE O ESTUDO.

5 DISTRAÇÕES: BUSQUE AMBIENTES TRANQUILOS ONDE NÃO HÁ O USO DE TELEVISÕES, CELULARES, RÁDIOS.

---

1 BUENA ILUMINACIÓN: LA LUZ NATURAL ES LA MEJOR OPCIÓN. PERO SI NECESITAS ESTUDIAR DE NOCHE LO IDEAL ES TENER UNA LÁMPARA.

2 VALORA LA ORGANIZACIÓN: EVITE ESTUDIAR EN MEDIO DE PAPELES TIRADOS, RESTOS DE COMIDA Y MATERIALES ESPARCIDOS.

3 SILENCIO: ELIJA UNA UBICACIÓN QUE TENGA LA MENOR CANTIDAD DE INTERFERENCIAS E INTERRUPCIONES EXTERNAS.

4 UBICACIÓN CONFORTABLE: ES IMPORTANTE QUE EL ALUMNO MANTENGA UNA BUENA POSTURA DURANTE EL ESTUDIO.

5 DISTRACCIONES: BUSQUE AMBIENTES PACÍFICOS DONDE NO SE UTILICEN TELEVISORES, CELULARES, RADIOS.

---

1 GOOD LIGHTING: NATURAL LIGHT IS THE BEST OPTION. BUT IF YOU NEED TO STUDY AT NIGHT, THE IDEAL IS TO HAVE A LAMP.

2 VALUE THE ORGANIZATION: AVOID STUDYING AMIDST THROWN PAPERS, FOOD SCRAPS AND SCATTERED MATERIALS.

3 SILENCE: CHOOSE A LOCATION THAT HAS THE LEAST AMOUNT OF EXTERNAL INTERFERENCE AND INTERRUPTIONS.

4 COMFORTABLE LOCATION: IT IS IMPORTANT THAT THE STUDENT MAINTAINS GOOD POSTURE DURING THE STUDY.

5 DISTRACTIONS: SEEK PEACEFUL ENVIRONMENTS WHERE THERE IS NO USE OF TELEVISIONS, CELL PHONES, RADIOS.

Kit Evangelho — Evangelio — Gospel

WWW.KITEVANGELHO.COM
KE 7.6

Kit Evangelho

Evangelio — Gospel

- 🇧🇷 Cubra os tracejados.
- 🇪🇸 Complete los puntos.
- 🇺🇸 Connect the dots.

U u — Urso

O o — Oso

B b — Bear

Escreva teu nome - Escribe tu nombre - Write your name

WWW.KITEVANGELHO.COM
KE 7.2

Crie seu conto sobre imortalidade da alma
Crea tu cuento sobre la inmortalidad del alma
Create your immortality of the soul tale.

Use sua imaginação e preencha os espaços.
Usa tu imaginación y completa los espacios.
Use your imagination and fill in the blanks.

ERA UMA VEZ UMA MENINA CUJO NOME ERA:
ÉRASE UNA VEZ UNA NIÑA CUYO NOMBRE ERA:
ONCE UPON A TIME THERE WAS A GIRL WHOSE NAME WAS:

ELA MORAVA NO MUNDO ESPIRITUAL E SENTIA SAUDADES DE:
VIVÍA EN EL MUNDO ESPIRITUAL Y EXTRAÑABA:
SHE LIVED IN THE SPIRITUAL WORLD AND MISSED:

UM DIA, PENSOU EM VISITAR SEUS FAMILIARES NA TERRA E DISSE:
UN DÍA, PENSÓ EN VISITAR A SU FAMILIA EN LA TIERRA Y DIJO:
ONE DAY, SHE THOUGHT ABOUT VISITING HIS FAMILY ON EARTH AND SAID:

CONTINUE O CONTO:
CONTINÚA EL CUENTO:
CONTINUE THE TALE:

POR UM MÉDIUM, ELA ENVIOU UMA MENSAGEM QUE DIZIA:
POR UN MÉDIUM, ENVIÓ UN MENSAJE QUE DECÍA:
SHE SENT A MESSAGE THROUGH A MEDIUM THAT SAID:

DESENHE AQUI UM URSO
DIBUJA AQUÍ UN OSO
DRAW HERE A BEAR

FIM - FIN - THE END

KIT Evangelho
Evangelio — Gospel

> O amor é a maior força do Universo.
> El amor es la fuerza más grande del Universo.
> Love is the greatest force in the Universe.

Unir pontos - Une los puntos - Connect the dots

Colorir - Colorear - Color

Qual será o nome do amigo de Lupi?
¿Cómo se llama el amigo de Lupi?
What is Lupi's friend name?

Nome:
Nombre:
Name:

WWW.KITEVANGELHO.COM
KE 7.1

Caça-palavras - Pupiletras - Word search

```
F P A M L A N O D R E P
M N I A K O F A D L N N
I N M O R T A L U E A O
C M M K P T D A F D L A
M A O D O L A T R O M I
U M R R E U U I H O A G
I C T O M O E D L O V O
D T A M H S D A A I N C
E M L A E D A D O R A I
M U I D E M E D I U M S
A A D F A R G O C I A P
```

Bem-aventurados os puros de coração.

Bienaventurados los limpios de corazón.

Blessed are the pure in heart.

🇧🇷 IMORTAL / ALMA / MEDIUM

🇪🇸 INMORTAL / ALMA / MEDIUM

🇺🇸 IMMORTAL / SOUL / MEDIUM

Todos os animais precisam do nosso carinho.
Todos los animales necesitan de nuestro cariño.
All animals need our affection.

KIT Evangelho
Evangelio — Gospel

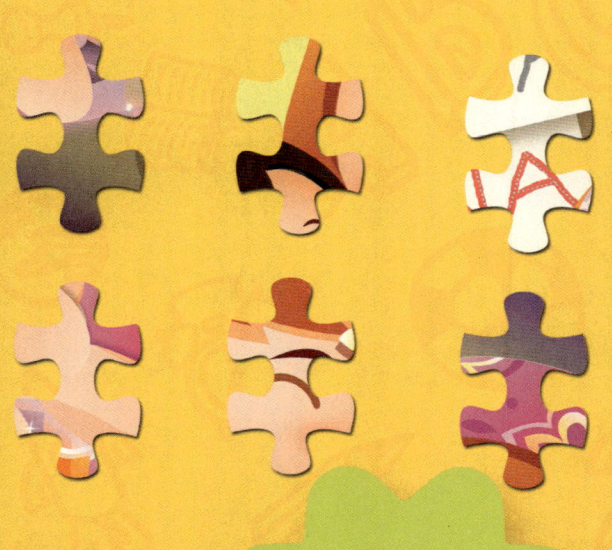

Você pode encontrar as 6 peças?
¿Puedes encontrar las 6 piezas?
Can you find the 6 pieces?

Encontre a sombra certa - Juego de las sombras - Shadow Matching Game

WWW.KITEVANGELHO.COM
KE 7.4

Ache o diferente - Encontre o diferente - Find the different one

Você consegue encontrar o urso diferente?

¿Puedes encontrar el oso diferente?

Can you find the different bear?

O que será que Luna está pensando?
¿Qué es lo que Luna está pensando?
What could Luna have been thinking about?

KIT Evangelho
Evangelio — Gospel

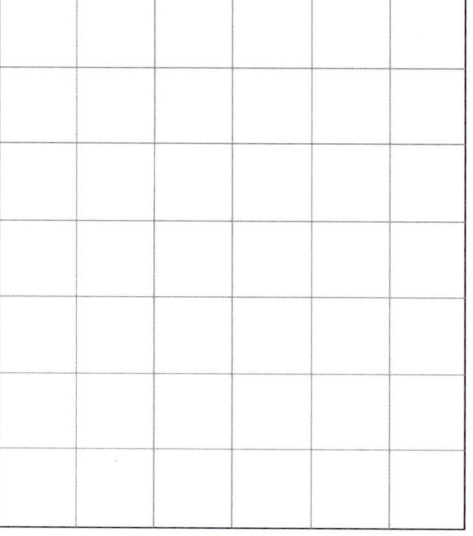

Copie o desenho - Copia el dibujo - Copy the picture.

Labirinto - Laberinto - Maze

Vamos ajudar Luna a achar sua mãe?
¿Ayudamos a Luna a encontrar a su mamá?
Let's help Luna find her mom?

WWW.KITEVANGELHO.COM
KE 7.3

Observe os desenhos e encontre as DEZ diferenças existentes entre eles.

Mira los dibujos y encuentre las 10 diferencias entre ellos.

Look at the drawings and find the 10 differences between them.

Evangelho

Evangelio Gospel

WWW.KITEVANGELHO.COM
KE 7.6

Complete sua coleção / Completa tu colección

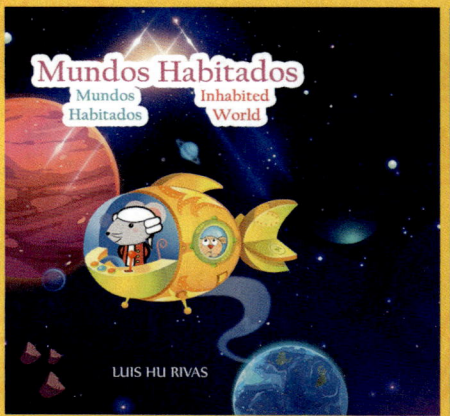

- Perispírito / Periespíritu / Perispirit
- O Evangelho de Jesus / El Evangelio de Jesús / The Gospel of Jesus
- Mundos Habitados / Mundos Habitados / Inhabited World
- De... / Dios
- Evolução / Evolución / Evolution
- Ação dos Espíritos na natureza / Acción de los Espíritus en la naturaleza / Action of Spirits in nature
- Justiça / Justicia / Justice
- Espí... / Espíritu
- Reencarnação / Reencarnación / Reencarnation
- Fé / Fe / Faith
- Influência Espiritual / Influencia Espiritual / Spiritual Influence
- Pa... / Paz
- Pureza / Pureza / Purity
- Leis Morais / Leyes Morales / Moral Laws
- Elementos do Universo / Elementos del Universo / Elements of the Universe
- Causa e... / Causa y efecto

LUIS HU RIVAS

Complete your collection

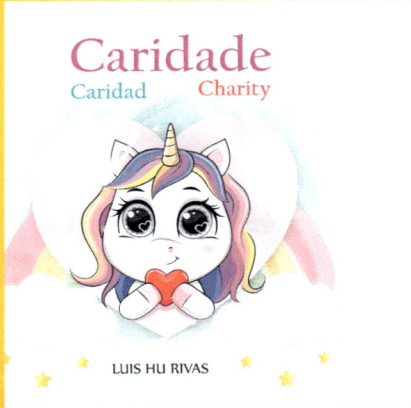

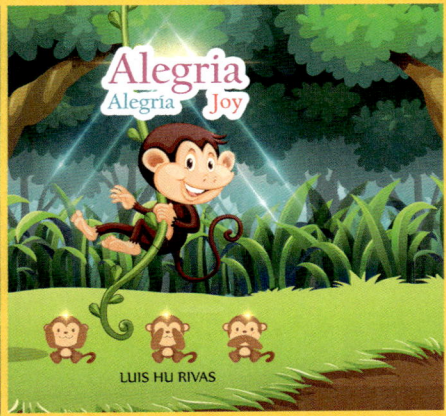

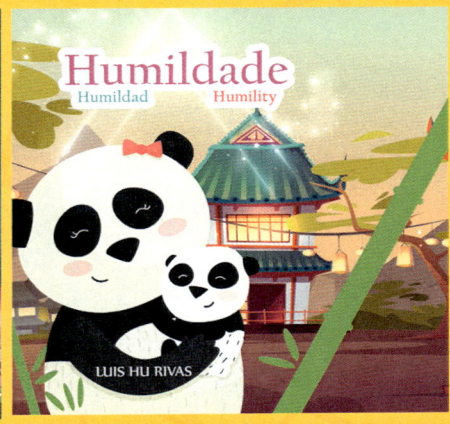

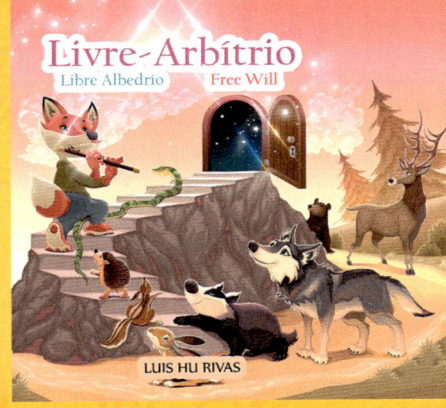

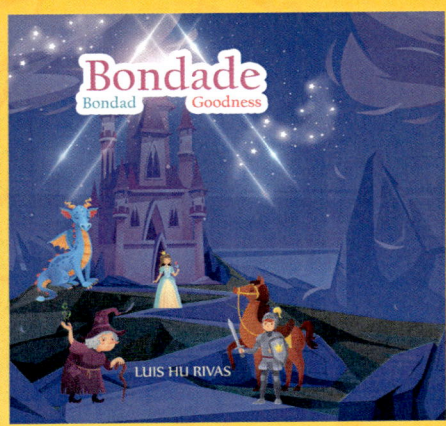

Perdão — Perdón / Forgiveness

Caridade — Caridad / Charity

Imortalidade da alma — Inmortalidad del alma / Immortality of the soul

Alegria — Alegría / Joy

Mundo Espiritual — Mundo Espiritual / Spiritual World

Humildade — Humildad / Humility

Resignação — Resignación / Resignation

Mediunidade — Mediumnidad / Mediunity

Livre-Arbítrio — Libre Albedrio / Free Will

Bondade — Bondad / Goodness

LUIS HU RIVAS

🇧🇷 Vamos conhecer ensinamentos de luz que trazem paz e felicidade aos nossos corações.

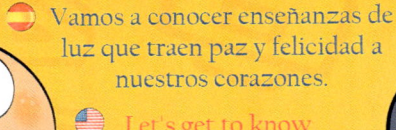

🇪🇸 Vamos a conocer enseñanzas de luz que traen paz y felicidad a nuestros corazones.

🇺🇸 Let's get to know enlightening teachings that bring peace and happiness to our hearts.

🇧🇷

Ao lado de Luna, uma simpática menina, você vai se divertir para valer!
Embarque em uma emocionante história ilustrada, com muitos ensinamentos luminosos.
Usando sua imaginação, você vai descobrir respostas a perguntas como:
Existe vida depois da morte do nosso corpo? Como seria uma mensagem de uma criança do além? O que é a imortalidade da alma?

🇪🇸

¡Junto con Luna, una simpática niña, te divertirás mucho!
Embárcate en una emocionante historia ilustrada, con muchas enseñanzas luminosas.
Usando tu imaginación, descubrirás respuestas a preguntas como:
¿Hay vida después de que nuestro cuerpo muere?
¿Cómo sería un mensaje de un niño del más allá?
¿Qué es la inmortalidad del alma?

🇺🇸

You will have real fun in this adventure with Luna!
Join us on an exciting illustrated story, with many inspiring teachings.
With this reading you will also find answers to questions such as:
Is there life after our body dies? What would a message from a child from the beyond look like?
What is immortality of the soul?

HU PRODUÇÕES

Made in the USA
Las Vegas, NV
11 March 2025